TRIBUNAL CIVIL DE LA SEINE (1re chambre).

Audience du 10 décembre.

Présidence de M. BENOIT-CHAMPY.

*Revendication de livres, estampes et autogra-
phes.—M. le ministre de l'instruction publique
contre MM. Demichelis, Firmin Didot et Solar.*

Me SENARD, avocat de M. le ministre de l'instruction publique, expose ainsi les faits de la
cause :

Je viens demander au tribunal la restitution
de livres, estampes et autographes soustraits à
la bibliothèque Sainte-Geneviève et à la biblio
thèque impériale. Il s'agit de vols commis dans
ces deux établissemens avec une persistance et
une audace extrêmes, pendant un intervalle de
quinze à vingt ans, et qui ont été découverts en
1857, à la fin de 1857, au commencement de
1858, après le décès de leur auteur.

L'auteur de ces soustractions était un M. Chavin de Malan, qui a longtemps habité Paris et
qui s'est retiré à Dôle, où il est mort le 18 novembre 1856. Ce sont les publications faites pour
la vente de la bibliothèque de Chavin de Malan,
et surtout pour la revente de cette bibliothèque
par parties, qui ont éveillé l'attention des bibliophiles, celle des conservateurs des bibliothèques publiques, et qui ont amené la demande
en revendication et la poursuite dont vous êtes
en ce moment saisis.

Il y a plusieurs défendeurs : les héritiers de
M. Chavin de Malan ; en second lieu, M. Demichelis, libraire, qui a acheté en masse la bibliothèque de Chavin de Malan, son cabinet d'estampes et d'autographes, ou plutôt les livres,
les estampes et les autographes dont le même
individu était détenteur ; en troisième lieu, plusieurs acheteurs du libraire, notamment MM.
Firmin Didot et Solar.

Pour tous les objets que nous revendiquons,
il y a une origine commune ; en conséquence, ce

sont toujours les mêmes faits que nous avons à
studier. Je les exposerai au tribunal très briè-
vement, car je ne crois pas, — quels que soient
les moyens invoqués par un des défendeurs, le
seul qui semble vouloir contester la revendication, — je ne crois pas que les objections de nos
adversaires aient besoin d'une réfutation plus
étendue que le plus simple exposé des faits.

Vers 1840, un monsieur Chavin de Malan
vint se mettre à travailler à la bibliothèque
Sainte-Geneviève et à y faire des recherches
scientifiques. C'était un jeune homme de dix-
huit à dix-neuf ans. Il paraissait instruit, très
laborieux. Il venait le premier et s'en allait le
dernier. Il passait tout le temps pendant lequel
sont ouvertes les bibliothèques à faire des étu-
des et de nombreux extraits. Ce monsieur Chavin de Malan était parvenu, en outre, à obtenir des recommandations fort notables, la re-
commandation de M. l'archevêque de Paris,
celle de plusieurs évêques, celle de plusieurs
personnages éminens. Sa qualité de travailleur
très assidu le fit bientôt remarquer à la bibliothèque et lui attira la bienveillance de M. Robert, un des conservateurs avec lequel il s'était
trouvé le plus habituellement en relation.

M. Robert était alors très âgé. Il était infirme.
Il est décédé depuis plusieurs années déjà. Chavin de Malan obtint de M. Robert, sous prétexte
de l'interruption que les jours de fêtes et les vacances apportaient dans ses travaux, il obtint la
permission d'entrer dans la bibliothèque pendant les jours fériés et les vacances, alors qu'elle
était fermée au public. Puis, s'avançant par de-
grés dans la confiance de M. Robert, il obtint la
permission d'emporter des livres chez lui, puis
enfin il en vint à obtenir la clef de la bibliothèque dans laquelle étaient renfermés les objets
les plus précieux.

C'était là un laisser aller déplorable. Cependant il faut convenir que Chavin de Malan se
présentait de manière à n'exciter aucune espèce
de défiance. Sa tenue, son travail assidu, et
bientôt une publication qu'il fit, tout tendait à
écarter le soupçon de sa personne.

En 1848, il publia une *Histoire de dom Mabillon*, et le premier exemplaire de cet ouvrage
fut naturellement offert au conservateur de la
bibliothèque Sainte-Geneviève. Comment sus-
pecter les intentions d'un auteur aussi érudit et

aussi zélé ? On avait donc en lui pleine confiance. Il en a abusé, et si largement, qu'on a vraiment peine à comprendre que l'audace ait pu aller aussi loin.

Il a volé des livres, des autographes et des estampes, il les a volés, et nous en avons la preuve par le catalogue de la bibliothèque.

Cet individu avait commencé par s'approprier le catalogue précieux et rare de la bibliothèque. Il lui était plus facile dès lors de faire son choix, et c'est ce qu'il fit. Il transportait les volumes de la bibliothèque chez lui, et non pas par petites quantités ; il les emportait par centaines, et, quand les volumes lui paraissaient trop lourds, il faisait venir un commissionnaire avec des crochets, et, en plein jour, il faisait transporter des charges de livres en présence des employés. En un mot, son audace était poussée à un tel point, qu'elle aurait suffi presque à éloigner le soupçon.

Les choses ont été ainsi pendant de longues années. La confiance dont il était entouré, les recommandations qu'il avait obtenues, lui valurent aux autres bibliothèques, notamment à la bibliothèque alors royale, le même traitement qu'à la bibliothèque Sainte-Geneviève. On mit à sa disposition, pour son histoire de *dom Mabillon*, les manuscrits provenant de l'abbaye de Saint-Germain-des-Prés. Qu'en est-il résulté ? On a trouvé cinq cent quatorze pièces provenant de l'abbaye de Saint-Germain-des-Prés, qu'il avait soustraites.

Les phases diverses de la vie de Chavin de Malan doivent être connues du tribunal. Il était venu, jeune homme, commencer à Paris ses travaux, dont vous pouvez apprécier la nature. Il s'est marié. Un de ses enfans, un héritier, figuré au procès. Enfin, devenu veuf, il est entré dans les ordres.

Quand il a quitté Paris et qu'il s'est retiré à Dôle, il était prêtre, et il est mort abbé à Dôle...

M⁰ PLOQUE. Vicaire !

M⁰ SÉNARD. Mon confrère dit : Vicaire,

Après son décès, ses héritiers ont fait des annonces, et un libraire de Paris, M. Demichelis, s'est rendu à Dôle, où il a traité à forfait de la bibliothèque, du cabinet d'estampes et d'autographes, pour une somme qu'on nous dit être de 30,000 fr.

Le tribunal aura à apprécier la bonne foi qui

a présidé à ce traité; et quand il aura regardé
les livres de la bibliothèque, quelques-unes des
gravures et quelques-uns des autographes, j'ai
la conviction qu'il trouvera que la bonne foi
n'est pas possible de la part du libraire.

Il suffit en effet d'un coup d'œil jeté sur les
volumes pour reconnaître leur origine, rien qu'à
là reliure et aux armoiries dont ils sont couverts. D'ailleurs les traces de l'enlèvement des
rondelles qui étaient au dos d'un certain nombre de ces volumes devaient rendre évident pour
un libraire que ces livres n'étaient pas dans le
commerce et qu'ils ne pouvaient provenir que
d'une soustraction.

A l'intérieur, c'est bien autre chose. Il y a de
nombreux volumes qui portaient des estampil-
les, elles ont été enlevées. Quant aux estampes,
quant aux manuscrits, les preuves sont bien plus
évidentes encore; on n'avait pas même enlevé
les rondelles. Enfin, le prix suffirait à lui seul
pour révéler la vérité.

En effet, M. de Michelis, par une somme qu'il
a dit être de 30,000 fr., achetait une collection qui,
très certainement, vendue en détail, lui promet-
tait un bénéfice énorme. Ce prix de 30,000 fr.
n'était peut être pas la dixième partie de la valeur réelle, car il y a dans cette collection des
choses rares, uniques, inappréciables.

Quoi qu'il en soit, M. Demichelis est revenu à
Paris. et il a commencé à faire de nombreuses
ventes de gré à gré. Dans ces ventes ont disparu des objets extrêmement précieux et sur lesquels notre revendication ne peut pas même
s'étendre, par la raison qu'un grand nombre
sont passés à l'étranger, en Angleterre, en Amé-
rique.

Quant à ceux qui ont été vendus à Paris, ils
ont donné lieu à la revendication qui amène devant vous deux des acquéreurs principaux.

Quand M. Demichelis a eu fini ses ventes de
gré à gré, il fit faire deux catalogues. Ces deux
catalogues ont été distribués par lui. L'un concerne les livres, il a été rédigé par M. François,
libraire, et contient 2,423 articles dont la vente
était annoncée. L'autre, rédigé par M. Silvestre,
concerne les estampes et les autographes; pour
les estampes, il contient 352 articles, et pour les
manuscrits 101, dont la vente était fixée aux 8,
9 et 10 février.

C'est la publication de ces catalogues qui a éveillé l'attention de plusieurs bibliophiles et des conservateurs des bibliothèques. On s'est dit, en voyant les titres et les indications portés aux catalogues qu'il y avait là des ouvrages qui ne pouvaient provenir que des bibliothèques publiques. En conséquence, ont été opérées toutes les saisies-revendication dont nous vous demandons la validité.

On a fait la revendication non-seulement des ouvrages mis en vente, mais encore d'ouvrages vendus. De ce nombre se trouve un *Homère* imprimé à Venise, en 1504, chez Alde, exemplaire qui a été vendu avant l'annonce à M. Firmin Didot, au prix de 3,600 fr.

On a également revendiqué chez M. Solar plusieurs ouvrages précieux à lui vendus pour la somme de 6 845 fr. MM. Firmin Didot et Solar ont été assignés devant vous, avec M. D-michelis. Ces messieurs l'ont mis en cause, l'appelant en garantie.

Je vous dirai maintenant quelques mots sommaires des preuves que nous apportons à l'appui de notre revendication.

Les preuves sont, pour les livres : le catalogue où les livres revendiqués sont régulièrement inscrits. Sur un très grand nombre, les numéros du catalogue sont inscrits, ou bien ces numéros sont collés au dos sur une rondelle. Il y a encore une autre série d'indications, ce sont des mentions collées dans l'intérieur. Enfin, il existe un troisième genre de preuves ; ce sont les reliures, qui pour la plupart proviennent de l'archevêque de Reims ou de la bibliothèque elle-même.

Quant aux estampes et aux autographes, les preuves sont prises dans le catalogue et dans les rondelles mêmes des objets que nous avons revendiqués et dont l'origine n'est pas contestable. Du reste, la masse est reconnue comme provenant de la bibliothèque Ste-Geneviève ou de la bibliothèque impériale.

Il y avait une contestation de la part de M. Didot sur l'*Homère*. Cette contestation, je le crois au moins, n'est plus soutenue aujourd'hui ; je me borne donc à vous dire que la bibliothèque de Ste-Geneviève est propriétaire de cet *Homère*. S'il s'engageait un débat, la preuve de cette propriété est dans une notice distribuée au tribunal ; mais, au surplus, j'attendrai une contradiction.

Quant aux ouvrages revendiqués sur M. Solar, pour la majeure partie il n'y a pas de contestations, M. Solar s'est borné à élever une contestation sur un seul : le *Breviarium romanum*.

D'abord, il y a une incertitude sur l'origine, mais on a reconnu depuis que l'exemplaire du *Breviarium romanum* dont il s'agit venait de la bibliothèque de Pie VI, qu'il avait été compris dans un travail fait par M. Daunou à la bibliothèque Sainte Geneviève. Du reste, quand on examine les preuves relatives à ce *Breviarium romanum*, le doute n'est pas possible un instant.

D'une part, l'existence du *Breviarium romanum* est indiquée sept à huit fois dans tous les catalogues de la bibliothèque de Sainte-Geneviève ; d'autre part, elle est indiquée dans plusieurs ouvrages qui décrivent les richesses de la bibliothèque Sainte-Geneviève ; elle est indiquée notamment dans un ouvrage de M. van Praet, où le *Breviarium romanum* est décrit d'une manière si exacte et si rigoureuse qu'il suffit de voir l'exemplaire de M. Solar pour reconnaître que c'est bien celui de la bibliothèque Sainte-Geneviève.

Du reste, la contestation de M. Solar repose, il faut le dire, sur un infiniment petit. En effet, d'après van Praet la hauteur du *Breviarium romanum* est de 343 millimètres ; M. Solar prétend qu'il s'en faudrait d'un millimètre que la mesure de van Praet fût celle de son exemplaire. Il s'agit donc d'une différence d'un millimètre ! Du reste, l'exemplaire a été mesuré avec tout le soin possible. Le tribunal pourra avoir la curiosité de prendre lui-même cette mesure, et si M. van Praet a donné 243 millimètres faible, il trouvera 342 millimètres ; de sorte qu'en réalité, le tout se réduirait à une fraction de millimètre.

D'ailleurs, voici quelque chose de mieux, M. Solar a pour directeur de sa bibliothèque M. Pierre Deschamps, un homme fort distingué ; c'est lui, M. Pierre Deschamps, qui, pour M. Solar, a acquis de M. Demichelis les livres que nous revendiquons, et particulièrement le *Breviarium romanum* ; or, vous allez voir en quels termes M. Pierre Deschamps a lui-même terminé le débat.

Si le tribunal veut bien prendre la notice dont j'ai déjà parlé, voici ce qu'il trouvera à la page 43.

A la date du 3 mars 1858, M. Pierre Deschamps écrivait à M. Pinson, bibliothécaire de Sainte-Geneviève : « Je vous abandonne le *Breviarium romanum*, je vous l'abandonne purement et simplement.

M° Senard continue la lecture de cette lettre, dont l'auteur dit que ce qui le décide à cette magnanime résolution, c'est qu'il a acquis la preuve irréfragable que ses prétentions n'étaient pas fondées.

Après cette lecture, M° Senard reprend : Tout semblait terminé ; mais il paraît que M. Solar, qui avait été jusque-là représenté par M. Pierre Deschamps, il paraît que M. Solar désavoue cette lettre et maintient le contredit.

J'ai une autre preuve encore que le livre que nous revendiquons n'est pas venu par le hasard dans les mains d'un libraire, c'est qu'il se trouve dans la masse des ouvrages volés à la bibliothèque de Sainte-Geneviève ; c'est que, de l'aveu de tout le monde, la description de van Praet montre que le *Breviarium romanum* qui manque à la bibliothèque de Sainte-Geneviève ne peut être autre que l'exemplaire trouvé dans les livres de Chavin de Malan.

Il est évident en même temps que toute discussion est ici une discussion oiseuse, qui ne peut ébranler la conscience des magistrats. Les titres de propriété sont ici dans le catalogue de la bibliothèque, dans la possession attestée par les documens étrangers ; ils sont en outre dans la présence de l'objet revendiqué entre les mains du voleur des livres de la bibliothèque de Sainte-Geneviève.

Voilà tout ce que je veux vous dire à cet égard. Dans les conclusions de M. Solar, on élève encore des contestations à propos de deux autres ouvrages intitulés : *Concilia Galliæ Narbonensis* et la *Vie des Pères* ; mais ces contestations ne sont pas sérieuses.

En droit, pas de difficulté possible ; les ouvrages que nous revendiquons doivent nous être restitués.

Nous avons demandé des dommages et intérêts. J'insiste d'abord à raison de l'imprudence, sinon de la complicité ; au moins de l'imprudence avec laquelle les acheteurs ont acquis des ouvrages qui évidemment provenaient de soustractions opérées dans les bibliothèques publiques.

Nous avons demandé des dommages et intérêts à un autre titre ; nous les avons demandés à cause des lacérations qui déshonorent les ouvrages que nous revendiquons. Un grand nombre des livres que nous réclamons sont lacérés et mutilés. Qui a commis ces mutilations ? Est-ce Chavin de Malan ? Est-ce le premier acquéreur ? est-ce le second ? est-ce le troisième ? Nous l'ignorons ; mais toujours est-il que, quand on trouve un objet ainsi lacéré, ainsi mutilé, dans les mains d'un homme qui a eu l'imprudence de s'en rendre propriétaire, alors que sa qualité de bibliophile devait suffire à l'éclairer sur la source coupable de cet objet, toujours est-il que nous avons le dro t de lui en demander compte.

De son côté, M. Solar nous a salué lui même d'une demande en dommages-intérêts ; je veux vous la lire, ce sera toute ma discussion.

M. Solar demande des dommages-intérêts au ministre de l'instruction publique, et ses conclusions nous apprennent comment il est arrivé là. Le ministre ou ses prédécesseurs ont choisi des employés qui se sont laissé tromper. Or, si ces employés ne s'étaient pas laissé tromper, le vol n'aurait pas été commis. Je ne me trouverais donc pas, moi, Solar, poursuivi comme recéleur, au moins par la voie civile, ce qui est très désagréable.

Or, comme tout cela ne serait pas arrivé si vos employés ne s'étaient pas laissé voler, et que vous êtes responsable de vos agens, vous devez bien des dommages-intérêts.

Je me borne, pour toute discussion, à exprimer mon admiration pour un tel système, en priant le tribunal de remarquer que les dommages-intérêts ne seraient dûs qu'à cause de la déplorable position dans laquelle se trouverait M. Solar, et que cette déplorable position il aurait pu l'éviter si, au lieu de marcher avec tant d'empressement, il avait voulu regarder de plus près où il allait. C'est cette déplorable situation qui justifie elle même la demande que j'ai formulée et dans laquelle je persiste.

Voilà les seules observations que j'aie, quant à présent, à soumettre au tribunal.

Mᵉ PLOCQUE, avocat de M. Solar, donne lecture de ses conclusions, par lesquelles il demande au tribunal de déclarer que c'est à tort que des saisies ont été opérées sur les ouvrages intitulés : *Breviarium romanum, Cencilia Galliæ*

Narbonensis, et la *Vie des Pères*; de condamner le ministre de l'instruction publique aux dépens et à des dommages-intérêts à fixer par état.

Au risque d'augmenter l'admiration de mon adversaire, dit ensuite Me Plocque, je soutiens ma demande en dommages-intérêts, et le tribunal pensera peut-être comme moi. Je soutiens que cette demande est fort sérieuse, qu'il n'y a rien de plus sérieux au monde et que la demande en dommages-intérêts formée au nom du ministre ne peut l'avoir été qu'à son insu. Quant aux trois ouvrages que nous prétendons avoir été saisis à tort, le tribunal verra que les prétendues preuves qu'on lui a apportées sont sans valeur.

Voici d'abord ceux des faits qui ont été omis, et qu'il est indispensable de rappeler :

Le 18 novembre 1856 mourait à Dole Chavin de Malan. Plus tard, dans des circonstances que j'ignore, M. Demichelis se rendait acquéreur de sa bibliothèque. De retour à Paris, à la date du 28 mars 1857, M. Demichelis écrit à M. Pierre Deschamps, qui s'occupe de cataloguer la bibliothèque de M. Solar, et lui dit, — sans lui en faire connaître la provenance, — qu'il vient de se rendre acquéreur d'anciens maroquins qu'il est disposé à revendre. Il invite M. Pierre Deschamps à se rendre chez lui, ajoutant qu'il ait à se hâter, car un amateur anglais est prêt à lui enlever ces richesses.

M. Deschamps se rend chez M. Demichelis. Il lui achète un certain nombre de volumes. Quant au surplus, il est mis en vente publique par un catalogue. Il y avait dix-huit ans que messieurs les bibliothécaires avaient gardé le silence sur les soustractions dont il s'agit en ce moment. Pourquoi ? Je n'en sais rien; toujours est-il qu'après la publication du catalogue de M. Demichelis, ces messieurs finirent par s'émouvoir et par réclamer.

Ils s'informent des noms des acheteurs. M. Solar leur est signalé. On se présente chez lui, on lui demande s'il n'a pas acheté des livres provenant de Chavin de Malan. Il répond qu'il en a acheté à M. Demichelis, sans en connaître la provenance.

On lui dit que des livres ont été volés aux bibliothèques publiques. On lui demande l'autorisation de faire une recherche dans sa bibliothèque.

M. Solar déclare, avec une loyauté qu'on louait autrefois, qu'il met toute sa bibliothèque aux mains de M. le ministre, et qu'il est prêt à rendre tous les livres qui pourraient provenir de soustractions. En même temps, il adresse à M. Deschamps la lettre suivante, que j'analyse. « MM. Pinson et Racinet se sont présentés pour réclamer les livres achetés à M. Demichelis. J'ai promis que vous iriez chez M. Racinet. Portez-lui la liste de tous les livres achetés à M. Demichelis. » M. Deschamps envoie cette liste et annonce à M. Pinson que l'intention de M. Solar est de rendre tous les livres soustraits.

M. Pinson visite la liste, et se plaît à rendre justice au gracieux empressement de M. Solar. Il l'en remercie, et le proclame le bienfaiteur de la bibliothèque de Sainte-Geneviève.

Plus tard MM. Racinet et Pinson se rendent auprès de M. Solar. On lui demande s'il ne trouverait pas bon que tous les livres fussent saisis conservatoirement. M. Solar répond qu'il a lui-même une action à exercer contre M. Demichelis, et, d'accord avec toutes les parties, la saisie conservatoire est opérée.

J'ai entre les mains toute la correspondance, qui prouve combien on tenait compte alors à M. Solar d'avoir empêché à prix d'argent que toutes ces richesses ne passassent en Angleterre, et combien on appréciait la loyauté dont il a fait preuve dans cette affaire et l'empressement qu'il a mis à répondre aux demandes qui lui étaient adressées.

En effet, il a ouvert ses armoires à ces messieurs ; il leur a livré tout ce qu'ils désiraient voir ; il leur a remis tous ses livres, au nombre desquels se trouvait le *Breviarium romanum.*

M. Deschamps avait cru d'abord que cet exemplaire provenait de la bibliothèque de Sainte-Geneviève ; il l'a dit, et il en a fait l'abandon ; mais plus tard de nouveaux renseignemens lui ont démontré qu'il s'était trompé ; que ce livre n'était pas la propriété de la bibliothèque ; nous reviendrons sur ce point tout à l'heure.

Les choses étaient en cet état, et, à l'époque où les vacances arrivaient, nous allions plaider. Il y eut ajournement. Dans l'intervalle des vacances, ces messieurs voulurent faire une nouvelle visite chez M. Solar: M. Solar était à Marseille. On fait venir un commissaire de police ; on fouille de nouveau la bibliothèque de M. So-

lar, et on saisit encore un certain nombre de volumes, quatre, sur lesquels nous en réclamons deux. Nous abandonnons les deux autres, mais nous demandons qu'on nous rende le *Concilia Galliæ Narbonensis* et la *Vie des Pères*.

Il est bien entendu que nous sommes d'accord ici sur un point ; j'accepte complétement la jurisprudence qui veut que quand il se rencontre des preuves graves, précises et concordantes, la propriété ne puisse être contestée à la bibliothèque ; mais, tout en acceptant la jurisprudense, je dis que le *Breviarium romanum* n'appartient pas à la bibliothèque de Sainte-Geneviève.

Voyons les présomptions qui vous ont été exposées, non-seulement par la plaidoirie, mais dans une brochure publiée par l'avoué de la cause.

Mais d'abord quel est l'intérêt de ma défense en ce qui concerne le *Breviarium romanum ?* Voici cet intérêt : C'est un livre imprimé sur vélin, sur le plus beau vélin connu ; ce livre a été imprimé en 1478 par Jenson, Français réfugié à Venise ; il est magnifique, et présente de plus cette circonstances que MM. les bibliothécaires de Sainte-Geneviève ignoraient qu'il a appartenu à saint Charles. C'est là, pour nous, le véritable prix de ce volume. Nous l'avons payé fort cher, mais je me hâte de faire remarquer qu'il y en a que nous avons payé aussi cher, que nous nous sommes empressés de rendre.

Maintenant, cet exemplaire du *Breviarium romanum* appartient-il à la bibliothèque Sainte-Geneviève ? Oui, dit mon adversaire, et la preuve qu'il prétend vous en donner, c'est la lettre de M. Pierre Deschamps. Mais quel est le motif qui a déterminé M. Deschamps à rendre ce volume ? C'est, dit-il, qu'il a découvert deux lignes maudites qui sont un titre de propriété.

Quelles sont ces deux lignes maudites?

Tous les livres qui ont été imprimés, notamment au quinzième siècle, ont été l'objet d'un ouvrage de van Praet, alors intitulé *Catalogue de la bibliothèque du roi* ; dans cet ouvrage que ne connaissaient pas, au moment de la revendication, messieurs de la bibliothèque Sainte-Geneviève, van Praet donne une notice sur le *Breviarium romanum* imprimé à Venise.

En faisant des recherches, M. Deschamps trouva ce volume, dans lequel van Praet fait connaître l'existence de dix exemplaires sur vé-

lin du *Breviarium romanum*, et au nombre de
ces exemplaires il signale celui qui se trouvait
dans la bibliothèque Sainte-Geneviève. Voici la
mention qui constitue les deux lignes qui ont
déterminé M. Deschamps à faire la restitution
de l'ouvrage.

Van Praet dit que l'exemplaire de la bibliothèque Sainte-Geneviève est de la plus grande
beauté, que sa hauteur est de 343 millimètres,
et qu'il contient les lettres V. A. V., ce qui veut
dire que l'exemplaire est sur vélin d'agneau qui
a vécu.

M. Pierre Deschamps crut voir là la preuve
que l'exemplaire de la vente Demichelis était la
propriété de la bibliothèque Ste-Geneviève, et,
obéissant à ce sentiment de loyauté qui le gui-
de toujours, il a dit ; « Je vous rends le *Breviarium romanum*, » mais, depuis, un nouvel examen l'a fait revenir sur cette première résolution.

Du reste, l'erreur de M. Deschamps n'a rien
d'extraordinaire ; MM. les bibliothécaires en ont
commis bien d'autres. Ce qui a été publié dans
la brochure distribuée au tribunal nous en apprend assez sur ce point. Après examen du volume, MM. les bibliothécaires ont déclaré qu'il
appartenait à la bibliothèque Ste-Geneviève,
et la raison qu'ils en donnaient, c'était qu'il provenait du legs Letellier.

Plus tard, quand ils ont connu l'ouvrage de
van Praet, ils se sont rattachés à cet ouvrage,
et ils ont imaginé un autre système ; ils ont
dit : L'exemplaire de M. Solar ne provient pas
du legs Letellier ; c'est un exemplaire venant
d'Italie et ayant appartenu à la bibliothèque de
Pie VI, qui a été confisqué en 1798 et apporté
en France.

Vous comprenez dès lors que M. Deschamps
a bien pu s'y tromper, puisque les adversaires,
qui connaissent l'ouvrage bien mieux que lui,
s'y sont trompés eux-mêmes. Une première fois,
ils se sont dit : Le *Breviarium romanum* provient
de la bibliothèque Letellier ; une seconde fois,
il se sont dit : Il provient de la bibliothèque de
Pie VI ; eh bien! cette fois encore, ils se sont
trompés.

La lettre de M. Pierre Deschamps doit donc
être considérée comme non avenue au procès.

Mon adversaire disait encore tout à l'heure :
La preuve que le *Breviarium romanum* appar-

tient à la bibliothèque Sainte-Geneviève, c'est qu'il s'est trouvé au nombre des livres de Chavin de Malan. L'argument porte à faux. Les livres qui ont appartenu à Chavin de Malan sont excessivement nombreux. Il en est qui proviennent de vols, mais il en est une grande quantité, et des plus précieux, qui n'en proviennent pas. Tout ce que les premiers imprimeurs ont imprimé se trouve dans la bibliothèque de Chavin de Malan, et cela n'est pas le produit du vol ; cela était sa propriété légitime. Par cela seul qu'un livre que vous revendiquez se trouve parmi des livres volés, il n'en résulte pas que ce livre est lui-même le produit du vol.

Mais il y a dans la brochure de M. Racinet un argument qui lui paraît bien autrement décisif: Il raisonne ainsi : M. Brunet, — le tribunal sait que M. Brunet est un des bibliographes les plus instruits, — a publié un catalogue fameux en cinq volumes. C'est une œuvre classique. Or, dit M. Racinet, dans ce manuel, M. Brunet constate qu'il n'a été imprimé que dix exemplaires sur vélin du *Breviarium romanum*, et, poursuit M. Racinet, van Praet constate l'existence, dans des lieux déterminés, de dix exemplaires ; seulement il ajoute qu'il en manque un, ce qui réduit le nombre à neuf.

Avec ces deux témoignages, voici comment raisonne M. Racinet. D'après M. Brunet, il y avait dix exemplaires ; van Praet dit qu'il en manquait un, et il indique l'existence de 9 ; il y en avait un à Sainte-Geneviève, il a disparu ; on en trouve un chez M. Solar, c'est celui de la bibliothèque de Sainte-Geneviève.

Malheureusement, le point de départ est ici extrêmement faux. M. Brunet ne dit pas qu'il n'y avait que dix exemplaires imprimés sur vélin; il dit qu'on en connaissait une dizaine d'exemplaires imprimés sur vélin ; cela ne veut pas dire le moins du monde qu'il n'en a été imprimé que dix, et qu'il n'y en a pas davantage dans les bibliothèques publiques.

Or, s'il est un fait constant, c'est que, dans les bibliothèques de la Hollande, de l'Allemagne, de la Suède, de la Norwége, de la Russie même, tous les jours se retrouvent les chefs d'œuvre de l'imprimerie qu'on croyait disparus du commerce et de la circulation.

Pour ma part, je puis vous citer un exemple des découvertes qui se font chaque jour. M. So-

lar aime passionnément les livres, et il consacre une partie de sa fortune à acquérir des ouvrages précieux. Eh' bien ! il y a un chef-d'œuvre de Gutenberg qu'on croyait perdu ; c'est un livre où l'invention nouvelle apparaît dans tout son éclat ; ce livre, je le répète, on le croyait perdu ; mais voilà que tout récemment on apprend qu'il existe en Hollande. Aussitôt M. Pierre Deschamps est parti, il a acheté le livre moyennant 10,000 fr., et il l'a rapporté à M. Solar.

Cette observation, que je fais en passant, serait sans portée si l'on constatait une identité quelconque entre l'ouvrage qui se trouvait à la bibliothèque de Ste Geneviève et celui qui se trouve entre les mains de M. Solar. Aussi, c'est ce que nos adversaires ont cherché à établir dans leur brochure. Ils ont dit : L'identité, elle est constante ; elle est établie par la hauteur des feuillets. L'exemplaire qui se trouvait à la bibliothèque Sainte-Geneviève est décrit par van Praet, qui a constaté qu'il avait 343 millimètres de haut.

M. Racinet, dans sa brochure, fait une critique à van Praet ; il rappelle que van Praet a prétendu que l'ouvrage avait 343 millimètres et il prouve qu'il avait 342 millimètres et 88 centièmes de millimètres. Ceci a l'air d'une plaisanterie, et n'en est pas une cependant. Tous les bibliophiles savent que les ouvrages précieux, que les Elzevirs, empruntent une grande valeur à leurs dimensions. Un millimètre de plus se paye au poids de l'or. La chose n'est donc pas à dédaigner. Mais, je me le demande, quant à la hauteur, y a-t-il identité entre l'exemplaire de M. Solar et celui de la bibliothèque ? Je viens de vous dire la hauteur de ce dernier ; eh bien ! celui de M. Solar n'a que 341 millimètres, et même un grand nombre de feuillets ne comptent que 333 à 337 millimètres.

Mais, ajoute-t-on, l'exemplaire qui est dans les mains de M. Solar provient de la bibliothèque de Pie VI, comme l'exemplaire de la bibliothèque de Sainte-Geneviève ; il provient de la bibliothèque de Pie VI, car il porte une reliure italienne.

On avait prétendu autrefois que l'exemplaire provenait du legs Letellier ; on n'en doutait pas. Aujourd'hui on affirme qu'il provient de la bibliothèque de Pie VI ; mais comment raisonne-t-on pour arriver à cette affirmation ?

La deuxième brochure, qui a été publiée par l'avoué de la cour, dit : Lors de la deuxième campagne d'Italie, les Français sont entrés en Italie ; ils ont confisqué beaucoup de bibliothèques ; les livres ont été apportés en France, et avec eux l'exemplaire de la bibliothèque Sainte-Geneviève. »

Pourquoi ? qu'est-ce qui vous le prouve? Ah! voici ce qui le prouve: c'est qu'en l'an VIII, on voit sur le catalogue de la bibliothèque de Ste-Geneviève la mention de l'existence du *Breviarium romanum*. Il y a même cette circonstance que la mention est de la main de M. Daunou. Autrefois, à l'aide de cette mention, on voulait établir que l'exemplaire provenait du legs Letellier, aujourd'hui on veut établir qu'il provient de la bibliothèque de Pie VI.

Cette mention, dit-on, paraît être de la main de M. Daunou; c'est lui qui a été envoyé en Italie pour faire le choix des livres qui seraient envoyés en France, c'est lui, qui a pris le *Breviarum romanum*, c'est lui qui l'a apporté à la bibliothèque. Vous voyez que tout en partant du même point nos adversaires arrivent à des conclusions bien différentes.

D'abord, est-ce que vous êtes bien sûrs que la mention soit de la main de Daunou ?

M. Racinet a ici une singulière manière d'argumenter; il consacre cent pages au récit de la campagne d'Italie ; il nous raconte la bataille de Marengo de manière à faire honneur à son patriotisme ; il nous cite les proclamations de Napoléon ; tout cela est très bien, mais qu'est-ce que tout cela fait à la cause ? Ah ! voici : M. Racinet nous parle de l'insulte faite à Joseph, et de l'assassinat de Duphot, et c'est à ce moment, nous dit-il, que le *Breviarium romanum* a été pris dans la bibliothèque de Pie VI, et apporté en France. Ce livre est le fruit du sang de nos soldats, nécessairement il faut que M. Solar nous rende le fruit du sang de nos soldats.

Vous lirez la brochure; vous la lirez avec soin, et vous n'y trouverez aucune preuve sérieuse que le *Breviarium romanum* de la bibliothèque Sainte-Geneviève provenait de la bibliothèque de Pie VI.

Le 22 floréal an IX, les conservateurs des bibliothèques dressaient l'état des livres qu'ils avaient reçus de Rome. Cet état existe quelque

part. Où est il? qu'on nous le montre? Il doit porter la mention du *Breviarium romanum* de la bibliothèque de Pie VI. Et remarquez que M. Daunou, qui a dirigé ce travail, et qui, à la différence de certains bibliothécaires, connaissait, lui, non-seulement l'extérieur, mais encore connaissait parfaitement l'intérieur des livres qui lui étaient confiés, n'était pas homme à omettre un pareil ouvrage. Encore une fois cet état a été dressé; il existe; on ne nous le produit pas; pourquoi? Parce qu'on n'y verrait pas figurer le *Breviarium romanum* qui a été enlevé d'Italie à la suite de la rupture du traité de Tolentino. (Rires.)

On nous dit encore, ce qui prouve que l'exemplaire de M. Solar est bien l'exemplaire de la bibliothèque, c'est qu'il est sur V. A. V. Mon Dieu! il ne faut pas être un bien fort bibliophile pour savoir que tous les ouvrages de Jenson étaient imprimés sur V. A. V.

Ou rappelle que van Praet a dit que l'exemplaire de la bibliothèque de Sainte-Geneviève était de la plus grande beauté et parfaitement orné. Soutiendra-t-on que l'exemplaire de M. Solar est orné? J'en suis fâché pour MM. les bibliothécaires de Sainte-Geneviève; s'ils se connaissent en livres, ils doivent savoir que l'exemplaire de M. Solar n'est pas ce qu'on appelle un livre orné.

Un livre orné est un livre à chaque feuille duquel se trouve une miniature qui fait l'amour des hommes de l'art; voilà ce que c'est qu'un livre orné; eh bien! dans l'exemplaire de M. Solar il y a quelques vignettes; mais ce ne sont pas des vignettes comme les comprenaient et comme les peignaient les miniaturistes; en un mot, l'exemplaire de M. Solar est tout simplement un exemplaire rubriqué.

Il y a un dernier point qui est décisif. Cet exemplaire vous appartient, dites-vous; or, sur cet exemplaire se trouvent ces lignes:

Ad usum Caroli cardinalis Borromei.

Vous avez constaté l'existence de cet ouvrage, et pas une seule fois vous n'avez mentionné cette inscription. L'écriture est du dix-septième siècle; vous l'avez reconnu; aujourd'hui vous prétendez qu'elle n'est pas du XVIIe siècle; mais pourquoi, encore une fois, n'avoir pas mentionné l'inscription? Ah! répondez-vous, c'est

que nous ne mentionnons dans nos catalogues,
   Ni la provenance,
   Ni la reliure,
   Ni les ornemens extérieurs,
   Ni la couverture.

Je demande alors ce que constatent les catalogues de ces messieurs, s'ils ne constatent rien de tout cela ? (Hilarité).

En vérité, les faits de cette cause nous rappellent certain conservateur dont on disait à Colbert : « Mettez-le à la tête des finances. — Pourquoi, demandait le ministre ? — Ah ! c'est que comme il n'a rien pris dans les livres que vous lui avez donnés à garder, il ne prendra rien dans les finances du royaume. » (Nouvelle hilarité.)

Mais à qui ferez-vous croire que M. Daunou n'aurait pas ouvert le volume, que M. Daunou, qui aimait tant l'histoire, qui l'éclairait par les vieux monumens, par les vieilles écritures, à qui persuaderez-vous que lui n'aurait pas vu cette inscription ?

La vérité c'est que l'exemplaire de M. Solar est un exemplaire qui était resté dans les familles privées, et qui en est sorti pour outrer dans les mains de Chavin de Malan.

Après avoir dit quelques mots des deux ouvrages *Concilia Galliæ Narbonensis* et la *Vie des Pères*, qui n'ont d'autre valeur que d'être couverts en maroquin, Me Plocque termine ainsi :

Un mot sur les dommages-intérêts.

On nous demande des dommages intérêts, à nous ! Mais si ces livres n'étaient pas entrés dans nos mains, si nous ne les avions pas achetés très cher, ils passaient en Angleterre.

Grâce à nos sacrifices, ces livres sont venus à nous ; à votre première réclamation, nous avons dit que nous étions prêts à vous les rendre, et vous nous demandez des dommages-intérêts !

M. LE PRÉSIDENT. C'est entendu sur ce point.

Me PLOCQUE. Quant à nous, nous demandons qu'on nous rembourse les frais de restauration de ces livres.

Le ministre que j'actionne en dommages intérêts est le ministre responsable du fait de ses agens, et je suis convaincu qu'il n'y a personne au monde qui regrette plus les faits dont nous nous occupons que M. le ministre de l'instruction publique actuel.

Comment, mais le temps ne vous apprend
donc rien à vous, messieurs les bibliothécaires ?
Il y a vingt-cinq ans, la bibliothèque possé-
dait une collection de médailles des empereurs
de Byzance ; c'était un trésor inappréciable.
Un beau jour entre dans la bibliothèque un
monsieur qui se dit amateur de médailles ; ce
monsieur était un forçat qui venait de quitter
le bagne pour faire une visite à l'établissement
de la rue Richelieu. Il choisit tranquillement
les médailles qu'il lui faut, et, la nuit venue,
avec un passe-partout, il pénètre dans la bibliothèque et s'en empare... puis il les jette au fond
de la Seine, où elles sont encore.

Eh bien ! cela ne vous a pas encore ouvert
les yeux ; un autre monsieur vole les livres en
plein jour, sans vergogne, sans que personne
s'en préoccupe ; et quand les livres sont trop vo-
lumineux, il fait entrer dans la bibliothèque un
commissionnaire pour emporter chez lui la propriété de l'Etat. (On rit.) Ce n'est pas moi qui
dis cela, c'est mon adversaire.

Il y a plus : on avoue que, il y a vingt ans, les
conservateurs s'étant aperçu que Chavin de
Malan mettait devant lui de petits cartons
pour cacher le manége auquel il commençait à
se livrer, on démolit cet échafaudage de carton
et l'on ne dit rien.

Après avoir accompli toutes ses soustractions,
cet homme se retire à Dôle, et l'on ne dit rien.

C'est seulement quand le catalogue est publié
par M. Demichelis, c'est quand les bibliophiles
disent aux bibliothécaires : Mais vous êtes des
insensés ! on vend vos livres et vous ne dites
rien ; c'est alors seulement qu'on s'est avisé de
réclamer.

Eh bien ! voilà un galant homme qui se trouve
aujourd'hui dans une fâcheuse position, par
la faute de qui ? par la faute de vos employés.
Vous lui devez bien compte des dépenses qu'il
a faites pour réparer des livres que vos agens
avaient laissé dérober, et qui sans lui seraient
aujourd'hui à l'étranger.

J'ai fini. En ce qui concerne M. Demichelis,
je n'insiste pas.

M. LE PRÉSIDENT. A huitaine pour entendre
les avocats des autres parties et le ministère public.

(Le Siècle. —
11 Décembre 1858.)